世界童话名著彩绘本

尼尔斯骑鹅旅行记

[瑞典]塞尔玛·拉格洛芙　原著
[德国]伊尔泽·宾提西　改编
[德国]欧立奥·雷格勒　插图
刘齐生　关　玉　译

浙江少年儿童出版社

关于本书

和书中的小主人公尼尔斯·霍尔哥松一样，作者塞尔玛·拉格洛芙也出生在瑞典的一个农庄里。那是1858年，她还小的时候，祖母给她讲了一只公鹅的故事。故事说：四月的一天，那只公鹅跟着野鹅去了北方，大家都说再也不会见到它了，因而，当十月的一天，它突然带着一家老小回来的时候，所有人都大吃一惊……每当听到这儿，塞尔玛就会问：一路上这只公鹅的日子是怎么挨过来的呢？

许多年以后，她写出了尼尔斯·霍尔哥松的故事：他骑在公鹅马丁的背上，从瑞典一直飞到拉普兰特……

这部极其有趣的作品，自1906年作为学生的阅读推荐书出版以后，至今一直受到广大读者的热捧。

目录

突然变小了的尼尔斯·霍尔哥松

从前在瑞典有个男孩，他除了惹人生气就是弄得鸡飞狗叫，其他什么事都不干。小孩子们害怕他，动物们只要见到他就躲起来。

这个男孩是农夫霍尔哥·尼尔松唯一的儿子，他的名字叫尼尔斯·霍尔哥松。父母为这个儿子操碎了心。父亲几乎每天都要对母亲说："我们的尼尔斯将来会怎么样？他逃避所有他应该做的事儿。"

星期天父母要去教堂，父亲担心尼尔斯又会干坏事，就给了他一本书："读十三页！我们回来要检查你有没有好好读。"

尼尔斯一脸无奈的样子，他早就想好要搞点恶作剧，而现在只能安安静静地坐在房间里读书。他把身子俯在书上，不停地叹着气，结果，腿还是闲不住，在房间里走来走去。

突然，他站住了，惊恐地望着前方——小偷溜进房间里来了吗？妈妈衣箱的盖子是开着的！尼尔斯向衣箱走近了几步，他不敢相信自己的眼睛：有个苍老的、满脸皱纹的小精灵跨坐在箱盖子上。他戴着一顶宽檐帽，穿着白色领口和袖口的黑西装，那双小脚插在黑色的环扣鞋里。尼尔斯听说过小精灵的事儿，但想象中要比这大得多，这个坐在衣箱盖子上的精灵还没有拇指大！

哦，我不用害怕他，我还可以逗逗他，尼尔斯想。但用手抓这小精灵他可不敢，于是他飞快地拿起窗户上挂着的苍蝇网，挑逗着把网子在小精灵的眼前晃来晃去。“扑通”一个倒栽葱，小精灵坐在了网子里。尼尔斯·霍尔哥松幸灾乐祸地大笑，举着网子在空中飞快地旋转。

小精灵好害怕，叫道：“把我放了，我送你一个金币。”

小精灵的声音让尼尔斯有点发懵，他赶快把小精灵放掉，并且真的得到了一个金币。不过尼尔斯又感到不满足：我是傻瓜！我是蠢驴！我应该要得更多。兴许小精灵还能把这书上十三页的字装进我的脑袋里……

小精灵还没来得及溜掉，就又进了苍蝇网子里。

“你可没那么容易跑掉。”男孩叫道，“你得多为我干点事儿！”

尼尔斯话还没有说完呢，突然被小精灵踢出老远。他越过整个房间飞到另一头的墙角里，失去了知觉。

他醒来时小精灵已经不见了，箱子也关上了。尼尔斯迷迷糊糊地看着四周：发生了什么事情？怎么一切都变了？桌子和椅子变得很大。小精灵难道给房间施了魔法？尼尔斯站起来，想回到原来的地方去读书，但是他觉得走到桌子的这段距离好长啊。走着走着，他看到了墙上的镜子，他停下来，吃惊地看着镜中的自己——他变成了一个只有拇指那么大的小人儿！一个小不点儿！一个小矮子！尼尔斯冲进院子找小精灵，要他马上把魔法消除掉！白鹅看见变小的男孩，一齐大声嘎嘎叫：“你活该！你活该！你老是拿着棍子追我们、打我们，这下该你倒霉了。”

母鸡也围住小男孩咯

咯叫："你活该！你活该！你每天把我们从窝里撵出来，还拔掉我们身上的羽毛，这回该是你倒霉了！"

"喔喔喔，喔喔喔！"大公鸡高声鸣叫，"你活该！你不知多少次扯过我美丽的红鸡冠，现在该是你倒霉了！"

尼尔斯·霍尔哥松还想称霸："你们这些鸡呀鹅呀，快告诉我，小精灵躲在哪儿！"

"我们才不会告诉你呢！他给你施魔法，是你自找的……"动物们你一言，我一语，恨恨地发泄着不满。

尼尔斯走进牛圈，想找小精灵。母牛看见他，抬起头来"哞哞……"地大声叫。

"你活该！"母牛嚷道，"你用木鞋子敲我们！还把马蜂放进我们的耳朵里，这回该是你倒霉了！"

"给我闭嘴！"尼尔斯气势汹汹，"快告诉我，小精灵躲在哪儿！"

"我们都知道，就是不告诉你！"母牛五月玫瑰气呼呼地道，其他母牛也点着头。

突然，花猫跳到尼尔斯面前，也呼噜噜地发泄着怒气："你拉扯我的尾巴，让我好疼哟！活该你被施魔法！"

尼尔斯又想抓猫的尾巴，可是花猫一掌打过来，他

摔倒在地。尼尔斯看着花猫冒火的眼睛，好像看见了一个庞大的怪物。一切全变了：动物们不怕他，他倒怕起动物来了！

尼尔斯焦急地在院子的角角落落寻找小精灵，但是他好像从地面上消失了。小男孩一屁股坐在墙上，呆呆地望着院子，只听见鹅和母鸡还在喋喋不休地骂他。他怎么突然能听懂动物的话了？这可是件新鲜事。慢慢地，尼尔斯·霍尔哥松开始明白，他不再是人了，可能再也变不回人了。他怒吼道：“你，可恶的小精灵，看我把你抓……”但他马上不再吱声，因为他想到，自己现在多么小！一种从未有过的悲伤涌上他的心头。

骑在公鹅背上翱翔

尼尔斯一直坐在墙上，呆呆地望着眼前的一切。一群野鸭吵吵嚷嚷地从他的头顶上向北方飞去，又飞来一群野鹅在院子上空盘旋。他渐渐地清醒过来。野鹅向亲戚——那些老实的家鹅吆喝：“一起走吧！我们飞到拉普兰特去。”

“不，我们就待在这里，我们有自己的窝，每天我们都可以吃得饱饱的。”老母鹅妈妈嚷嚷道。

“对，我们在这里过得很好！”其他的家鹅也齐声高叫。

只有一只家鹅极想去旅行，他就是年轻的公鹅马丁。看，他伸开翅膀想飞上天。哎哟！他一头栽到了地上。但是年轻的公鹅不放弃，他一试再试。

“等等我！”他对着野鹅大声喊，“我要和你们一起飞！”

尼尔斯·霍尔哥松听见了，他生气地跳起来，穿过院子大声吼："站住！你不能飞走！"

马丁又一次展开自己的翅膀，小男孩挂在他的脖子上，想要拦住他，不让他飞走。尼尔斯好像完全忘记了自己是那么小、那么轻。

马丁带着尼尔斯一起飞起来，尼尔斯来不及松开手，他们飞得越来越高。男孩真害怕自己从高空栽下来，费了好大力，才爬上马丁的背，小手紧紧抓住他的羽毛。

十三只野鹅在他旁边扑扇着翅膀，呱呱呱地叫作一团。风在他的耳边呼呼作响，他几乎已经听不见、看不

见，好久才敢睁开眼睛向下望。野鹅在他父亲的农庄上空盘旋。

此时尼尔斯早已泪流满面。他还见得到他的父亲吗？或许这样一来更好，因为他已经不是人了，而成了一个任何人都可以嘲笑的小人。

灰色的野鹅向北飞去，他们飞得越来越快，而白色的公鹅飞得很吃力。尼尔斯在公鹅的背上慢慢感到越来越安全。他以前其实经常想：要是会飞该多好！现在这个梦想突然实现了。飞的时间越长，他的心情就越好。他很快就开始喜欢风、太阳和他身下一望无际的田野，他觉得一切痛苦都消失了。

白公鹅和灰野鹅的距离拉得越来越远，领头的野鹅阿卡大声喊："谁跟不上，就回家！"

"啊哈，原来是这样！"公鹅喘着粗气，"我的灰亲戚们根本不想领我去拉普兰特，他们只想跟我开个大玩笑！"

尼尔斯看见公鹅累坏了。

"我们回去吧，马丁！你赶不上他们的。"

公鹅加快了飞行速度："我要让这些自以为是的野

鹅看看，家鹅跟他们一样棒。”

接着，公鹅又生气地张嘴嘎嘎叫：“你，你这个毫无用处的小人没资格和我说话。你再多一句嘴，我就把你扔进一个最合适你的粪坑。”

公鹅一发火，力气居然增大了，渐渐地赶上了野鹅。还好太阳下了山，野鹅飞落在了湖边，要是时间再长点儿，也许公鹅就没有足够的力气赶上他们了。

尼尔斯从公鹅的背上溜下来，又饥又饿直哆嗦。树下的积雪还未化，到处找不到可吃的东西。尼尔斯全没了高兴的劲儿，他还从来没有感觉到像现在这样孤独和悲伤。还好，至少有马丁在身边！可是他现在跑到哪里去了？尼尔斯一惊。

公鹅一动不动地躺在地上，眼睛向下耷拉着。

“马丁！”尼尔斯绝望地喊，“你不能死！”

马丁还是没有动。尼尔斯抚摸着他白色的羽毛，温柔地说：“到湖里喝口水，你会好起来的！”

马丁好似没有听见男孩的话。以前尼尔斯冷酷地打过他，现在可真怕失去了他。

尼尔斯想了想，然后又推又拉，用尽全身的力气把马丁弄进水里。可是，好一会儿，还是不见马丁动弹。

不知过了多少时间，公鹅终于动了动脑袋，伸长嘴巴，慢慢游进湖里。尼尔斯·霍尔哥松总算松了口气。不一会儿马丁回到岸边，嘴巴里含着条小鱼。“这个给你，是你把我拖进水里的。”马丁说。

这可是尼尔斯今天听到的第一句友善的话。尽管他从来没有吃过生鱼，可还是衷心感谢马丁。

公鹅吃海藻，尼尔斯吃生鱼。他们两个吃饱后，马丁说：“我看野鹅是自以为是的家伙，他们根本不管我们。”

“确实是这样！”尼尔斯应和道，好高兴马丁能和他说话。

马丁抬起头，他的声音里已经没有了倦意：“我要让那些野鹅看看！我要和他们一起飞到拉普兰特去。”他用嘴巴摩挲着尼尔斯的头，“可是没有你的帮助，我不可能成功，现在我请你一起走。”

尼尔斯受宠若惊，说话都结结巴巴了：“可是……可是我们……我们是死对头。我的意思是，因为……因为以前我把你……”

公鹅晃晃脑袋："我已经忘了。我只知道你救了我的命。没有你，我可能已经不在世上了。"

尼尔斯·霍尔哥松的双眼放出光芒，可接着他又把头低下来。

公鹅看出了他的心事："你也别害怕，秋天我会把你送回家，我永远都不会离开你。"

"我也不会。"尼尔斯·霍尔哥松也快活地发了誓。

他第一次在生活中找到了一个朋友。

在这里，人类不受欢迎

野鹅飞到了湖面上，在一个大冰块上找到了睡觉的地方。他们害怕狐狸，狐狸斯密尔就在岸边的密林里生活，野鹅是他最喜欢吃的食物，但在湖面上狐狸抓不着野鹅。

马丁和尼尔斯听到野鹅在湖面上唧唧喳喳地议论着，但是他们却听不清一句话。突然，所有的野鹅都飞了起来，扑扇着翅膀来到岸边。他们排成一行，领头母鹅打头向公鹅和男孩走过来。

强健的领头母鹅在他俩面前拍打着翅膀，他俩吓了一跳。马丁飞快地对着男孩悄悄说："永远不要说你是人！野鹅害怕人。"

领头母鹅已经很老了，她的羽毛虽然已经花白，但是她的眼睛依然散发出聪慧的光芒。

"我叫阿卡。"领头鹅说，"我现在想知道，你们是谁？"

“我是一只家鹅，名字叫马丁。”公鹅说道，“我住在农民霍尔哥·尼尔松的农庄里。”

“你会飞，这我已经看见，但是你会游泳吗？”阿卡问。

“不像你们游得那么好。”公鹅老实地承认道。

“你跑得有多快？”领头鹅还想知道更多。

“我们这些驯养的鹅不能像你们那样又跑又跳，我们只会啪嗒啪嗒地走。”马丁有一说一。

公鹅以为野鹅肯定不会再带他一起走，可出乎他意料的是，阿卡说：“我喜欢你如实地回答了我的问题，这可需要勇气。在今后的旅行中，我们需要勇敢的伙伴。”

阿卡指着男孩：“他是谁？”

“他叫大拇指，是我的朋友。”公鹅说。

男孩走向前：“我不想向你们隐瞒，我叫尼尔斯·霍尔哥松，今天早上我还是个人。”

领头鹅向后退了几步，其他野鹅也一样。他们伸长脖子，发出嘶嘶的愤怒声。

“我们不能容忍身边有人类的存在！他们追捕我们，

杀我们，是我们的头号敌人！”阿卡激动地说，“男孩必须马上离开我们！”

“对，马上！”所有的野鹅都大声喊。

公鹅极力安慰野鹅：“他小得可怜，根本不会伤害你们。”

“不管是小还是大，他是人，就必须离开！”野鹅吼叫着。

“要是尼尔斯·霍尔哥松离开，我也和他一起走。”马丁说。

野鹅们走到一边去讨论。他们你一言我一语的，好长时间才拿定了主意。阿卡走过来宣布说：“看在你们飞了这么长时间，已经没有力气的份上，容许你们在这里待到明天早上。马丁，你要保证这孩子不会干坏事。”

说完这些，野鹅就飞回到他们睡觉的地方去了。

尼尔斯·霍尔哥松饥寒交迫，身子直发抖。

“在冰上我肯定要被冻死！”尼尔斯胆战心惊地道。

“不能在这儿睡，狐狸斯密尔会吃了我们的。”马丁说道，“我保证让你不被冻僵。”

马丁用嘴巴叼住尼尔斯的衣领，带着他飞到了冰块上。

野鹅把嘴巴埋在翅膀下，已经睡熟了。

尼尔斯·霍尔哥松根本站不住。“在家里，我有一张温暖的床。”他咕噜着。

“我这里也有一张暖和的床。”公鹅说着便把男孩抓起来放在翅膀底下。尼尔斯躺进温暖舒适的鹅绒里，很快睡着了。

狐狸想吃野鹅肉

野鹅睡觉的湖岸边有一大片树林，里面住着一只名叫斯密尔的狐狸。他是个大强盗，从农庄里偷过好多鹅。今天，野鹅的叫声又把他吸引过来。

深夜，斯密尔蹑手蹑脚地沿着湖岸行走，想找个合适的打劫机会。这机会很快就来了：午夜时分，野鹅睡觉的冰块开始慢慢移动，不久冰块碰到了岸边。斯密尔纵身一跳，就到了冰上，他一口咬住了一只野鹅的翅膀。呼啦一下，所有的野鹅都惊醒了，他们撕裂一般地叫着，疯狂地扑打着翅膀。

公鹅马丁张开翅膀，尼尔斯·霍尔哥松从柔软的鹅绒“床上”掉到了坚硬的冰上。他立刻惊醒过来。

自从被精灵变成小人后，尼尔斯现在也拥有了一双精灵眼，黑夜里比人眼看得远，所以一瞬间就知道发生了什么事。他在后面追赶着狐狸，而且大声叫着：“把野鹅给我！偷野鹅，不害臊！”

狐狸不知道声音从哪儿来，他站住了，四下张望，直到看见尼尔斯·霍尔哥松，心上的石头才放下。这么个小人抢不走我的猎物，他一边这样想，一边叼着野鹅继续跑。

尼尔斯·霍尔哥松紧紧跟着他，嘴里不停地喊叫：“把野鹅放下！不然你会挨揍！”

这样的威胁不仅让狐狸感到可笑，而且使得那只被偷走的野鹅也哭笑不得。这只母鹅思忖：小人儿哟，你逞什么能？小不点儿一个，你哪能揍狐狸！

拖着肥胖的母鹅，狐狸越跑越慢。他没有看见，男孩还在后面跟着呢。

狐狸把母鹅放在地上，正准备咬断她的脖子。尼尔斯伟大的时刻终于到来了！他一把抓住狐狸的尾巴，用尽力气向后拉。

狐狸大吃一惊，跳起来，母鹅瞅准机会腾空而飞。男孩则闪电般地爬上树，稳稳地坐在了树杈上。

狐狸气坏了，像陀螺一样原地转圈圈，突然，他停止转圈，抬起头来向树上望，气呼呼地吼道：“你这可

怜的小东西，你把我到口的肥肉弄飞了，看你怎么赔给我。我要一直待在这里等你下来。”

尼尔斯心想：“这下完了，现在没有人能救我了。”尼尔斯看看四周，他找不到逃生的机会。

一个小时又一个小时过去了，尼尔斯抓住树枝的手已经冻僵。他累得要命，但是又不敢闭上眼睛，因为他害怕自己会从树上掉下去。

终于他看见天边露出了一丝光亮，漫长、漆黑的夜晚总算过去了。天边泛出第一缕阳光的时候，狐狸还坐在树底下。

“你逃不掉的。”斯密尔叫嚷着，“没有人能救你，你的野鹅会丢下你去拉普兰特。”

狐狸还没有把威胁的话说完，十三只野鹅和一只白公鹅就呼啸着飞过森林，向北去了。尼尔斯·霍尔哥松蹲在大树上伤心地哭泣起来，这下他可完了，野鹅肯定以为狐狸早就把他吃了。

突然，他全身一阵紧张，是什么？他的头上传来一片翅膀拍打声，有只野鹅向着狐狸俯冲。斯密尔跳起来抓野鹅，可是野鹅又闪电般地飞起来。

接着第二只野鹅又冲下来，狐狸像只皮球一样一弹，蹦得老高，可是他哪里有野鹅的动作快？十三只野鹅一只接一只向他冲，最后还有一只白公鹅擦着狐狸的脑袋飞过去。

斯密尔气急败坏，他跳呀、蹦呀，不停地在原地转圈圈，可就是抓不到一只野鹅。没等白公鹅飞多远，狐狸就已经累趴下了。他抬头再往树上望，尼尔斯·霍尔哥松早没了影儿。

松鼠得救了

经历了这样紧张的一夜，尼尔斯在松鼠窝里睡得好沉。醒来后，他向野鹅表示感谢。领头鹅阿卡给了他一些从野蔷薇丛中摘下的果子，说：“我想你肯定饿了。”

尼尔斯点点头，有滋有味地吃着果子。

尼尔斯担心阿卡会照她说的那样赶他回家，没想到，她让他和他们一起玩。男孩很高兴，他利索地爬上了公鹅马丁的背。野鹅要举行飞行比赛，尼尔斯给马丁鼓劲。马丁确实飞得越来越快了。虽然野鹅每次都得胜，马丁和尼尔斯还是很高兴。飞行比赛后，野鹅都累了，他们把嘴巴埋在翅膀下睡觉。尼尔斯沿着湖边走，他想找点吃的。突然，阿卡站在他的面前。

“我很担心你。”母鹅阿卡说，“你不知道哪儿有危险等着你。这里不光有要吃你的狐狸，还有貂、水獭、黄鼠狼。天上也会来敌人，最危险的就是老鹰和苍鹰。”

尼尔斯害怕了："我如何才能躲开这些肉食动物呢？"

"你要在小动物和不伤害你的动物中找朋友，比如兔子、松鼠、山雀、燕雀和云雀。你遇到麻烦的时候，它们会向你报警，告诉你躲藏的地方。"

尼尔斯表示要听从领头鹅的话。不久，他见到了松鼠思尔乐，马上就想和他交朋友，但是思尔乐生气地拒绝了他："所有的小动物都认识你，你就是尼尔斯·霍尔哥松，那个掏鸟蛋的捣蛋鬼！你还把抓到的鸟和松鼠关在笼子里，你成不了我们的朋友！"

尼尔斯垂下眼帘，松鼠说的都是实话。他还是人的时候做了许多坏事。现在他能听懂动物的语言，才知道他给动物造成了多大的痛苦。阿卡要是知道了，立刻就会把我赶回家，更谈不上去拉普兰特了，尼尔斯想。

男孩伤心地走了。半路上，他听说有个农夫把松鼠思尔乐的妻子抢走了，而且关在笼子里。尼尔斯·霍尔哥松马上去农庄找松鼠。当他找到松鼠时，松鼠见他靠近来，害怕得要命。男孩安慰着这只小动物："别害怕，我不会伤害你。我是来救你的。"

尼尔斯爬上笼子的铁条，他想打开门，但是他力气

小，他的努力全白费了。松鼠绝望了："我如果不马上回去，我的宝宝就会饿死、冻死了！"她悲伤地说。

尼尔斯发现无法打开笼子，就让松鼠告诉他窝在哪里，然后他飞快地跑去找。他找到松鼠窝，小心地把松鼠宝宝抱出来。他们才出生两天，身子半裸，眼睛半睁。尼尔斯跑回笼子旁，隔着铁条把四只小松鼠递了进去。孩子到了身边，母松鼠高兴极了。

老农妇正好站在窗前，看见了这一切。她急切地去找农夫，告诉他：有个小人儿给松鼠送来了她的四个宝宝。农民晃晃脑袋，他怀疑老婆的神经出了问题，但他还是抬眼瞅了瞅笼子，只见树叶做成的床上躺着四只小松鼠，这可吓坏了捕捉松鼠的农夫："不管是谁把松鼠宝宝放进来的，抓松鼠这事是我的错，我的行为差一点让四只小松鼠失去了妈妈，他们差一点就活活饿死了。"

农夫赶快把松鼠和她的宝宝从笼子里拿出来，小心地把他们放在老农妇的围裙上："把他们送到森林里去，给他们自由！"

不久，小松鼠又安睡在自己的窝里了。他们现在安然无恙，松鼠妈妈坐在旁边，幸福极了。

宁愿永远也变不回人

第二天，尼尔斯·霍尔哥松再来到森林里时，所有的动物都知道前一天发生的事了。他们到处讲述着尼尔斯救松鼠妈妈和松鼠宝宝的故事，就连小鸟们也在树上唱：“尼尔斯·霍尔哥松救了松鼠……”

“尼尔斯·霍尔哥松，尼尔斯·霍尔哥松！”悦耳的歌声响彻整个森林。

思尔乐，就是那个松鼠爸爸，代表所有的动物来向尼尔斯表示感谢。他送给尼尔斯很多核桃，并说道：“从今天起，你就是我们的朋友。不管是狐狸在你附近转悠，还是猛禽在你头上盘旋，小鸟都会向你报警。兔子和狍子会把你驮在背上，送你去安全的地方。”

尼尔斯·霍尔哥松有了自己的新朋友，感到非常的快乐。但是，今天或许要被野鹅送回家的阴影，一直在他脑子里挥之不去。从他不再是人以后，已经整整过了一周。虽然他因为身子小一点，容易吃亏，但现在的生活还是让他感到满意。他在想象，邻居的孩子如果看见他骑在公鹅的背上翱翔，如果看见他夜晚睡在翅膀下面的鹅毛床上，他们会惊愕得眼珠子都蹦出来；如果知道他听得懂动物的语言，他们就会更惊讶地张大嘴巴！这一周他经历了多少事情呀！每天都是冒险！每天都有新朋友！和野鹅还有家鹅一起生活很美妙，比他在家里的生活美妙多了。他真希望能够和鹅们一起待下去！

尼尔斯来到湖边，他看见野鹅都集中在堤岸上，排着长队在等他。阿卡迈着欢快的步伐走过来，尼尔斯知道，野鹅马上要作出决定了。

阿卡在尼尔斯·霍尔哥松的面前站住："现在我终于可以告诉你了，谢谢你从狐狸口中救了我们的一只野鹅。我喜欢行动，不喜欢说空话。我去拜访了给你施魔法的精灵，他听到你的名字，又听说你今天要回家，刚开始很生气、很失望，但是当我告诉他，你对动物有多好的时候，他答应把你变回人。"

尼尔斯·霍尔哥松耷拉着脑袋，一言不发，十分不情愿的样子，不一会儿就已经泪流满面了。

“你这是啥意思呀？”阿卡问道，“我不明白你心里在想什么。”

“我要和你们一起去拉普兰特。”男孩脱口而出。

“这样，你或许就永远也不能变成人了。”阿卡告诫道。

“那我宁愿永远做个小人儿。”尼尔斯抽噎着说。

阿卡转身走向其他的野鹅，尼尔斯听不清他们在说什么。之后，阿卡又来到男孩面前，她说：“如果你愿意，你可以和我们一起飞，但是你一定要考虑好，有一天你或许会对你的决定后悔！”

“我决不后悔。”尼尔斯保证道，“我只有一个愿望：和你们一起飞往拉普兰特。”

半个秘密

过了几天充满阳光、悠闲和冒险的日子，野鹅决定继续飞往北方。飞在最前面的还是领头鹅阿卡，最后面的仍是公鹅马丁。尼尔斯·霍尔哥松兴奋地骑在公鹅的背上,他的宏大愿望终于开始实现了！飞行途中，开始天气还很好，但很快就下起了雨。尼尔斯根本无所谓，他想，只是换换口味而已。但是雨下得越来越大，很快把男孩淋得透湿，他开始全身发抖。小鸟冲着野鹅欢呼：“下雨了，春天到了，和我们一起欢庆春天的到来吧！”

“是呀，下雨了，春天来临了！”野鹅快乐地应和。

但是雨下得越来越大，不断从天空中泼下来。野鹅们渐渐安静了下来，飞得也慢了。很快，大地被浓密的雾覆盖，森林、田野和湖泊看上去要被吞没了。阿卡要费很大的力气才能找到正确的路。

傍晚，当他们飞落在人类房舍附近的一块草地上时，大家都很高兴。晚上，雨还是不停地下。尼尔斯花了好大力气才赶在天漆黑之前找到了一些可以吃的草莓。这一夜，在公鹅的翅膀下也不舒服，公鹅的羽毛是潮湿的，外面则是狂风骤雨。男孩的脑海里闪现了一个念头：要是有个温暖的房间该多好啊。

在念头闪现的一刹那，他作出了一个决定。他没让公鹅察觉，悄悄地从翅膀里溜出来。他穿过草地，来到街道上，街道两边就是明亮的农舍。这样的天气没有人出门，所有的人都坐在自家暖和的屋子里。尼尔斯·霍尔哥松站住了，他要听听四处的动静。有一所房子里传出人声和音乐，有人在谈话，并时时发出笑声。过了好一会儿，男孩才再次听到人说话的声音。

恰在此时，房门打开了，明亮的灯影里站着一个美丽、年轻的女孩。尼尔斯猫在花园围墙的阴影里，心里企望女孩待的时间长一点。可惜她很快又走回房间，门也“哐当”一声关上了。尼尔斯突然感到了孤独，他冒着暴风雨继续在大街上行走。在一个农庄里，他发现了一台红色的机器，农民就是用它来收割麦子的。尼尔斯

抵不住诱惑，就爬到收割机的座位上，他想象自己是个农民，正驾驶着收割机行驶在田野上，那一定很美！但接着他又想起，自己这样一个小不点儿决不可能成为农民。男孩从机器上跳下来，蹲在牛圈的房檐下。他思绪万千：要是一生都和动物一起生活，他是不是会错过什么东西？仅仅因为要和野鹅们一起去拉普兰特，他就得继续保持小个儿身材，这个决定是不是作得早了点儿？他真担心以后永远也不能成为人了。

他站起来，把水从衣服上甩掉，然后继续走。从他和野鹅生活以来，他第一次感到这么悲伤。他不敢确定从他脸上淌下的是雨滴还是泪水。

突然，尼尔斯又听见了什么声音。原来在一棵树上有两只猫头鹰，他们正相互问候。尼尔斯站住不动，静静地听着他们的谈话。

"喂，邻居夫人，你好吗？"

"这样的鬼天气怎么可能好呢？"

"我们好久没见了，邻居夫人。听说过什么新闻吗？"

"您有没有听说过尼尔斯·霍尔哥松的故事？"

"尼尔斯·霍尔哥松？没有。他是谁呀？"

“一个男孩，他被施了魔法后成了小人儿，然后骑着公鹅飞走了。”

“哦，我的天呀！男孩再也变不回人了吗？”

“我告诉您一个秘密。假如男孩能小心照看好公鹅，让他健康地回家……”猫头鹰突然放低了声音，小声说，“最好我们飞到教堂塔顶上去，在那里没有人可以偷听。”

猫头鹰飞走了，尼尔斯尽管只听到了一半，但终归还是了解到了这个秘密。这足以让他打起精神。他暗自发誓要更加用心，好好地照顾马丁。

尼尔斯回到野鹅睡觉的地方，爬进熟睡的公鹅的翅膀底下。他仔细回想了一下猫头鹰的谈话，多么希望能听到完整的秘密呀！

马丁不见了

野鹅每天都飞行好长一段路。晚上，他们就在草地上吃草，然后找一个安全的地方睡觉。这并不容易。因为阿卡知道，狐狸斯密尔一直跟着他们。

有一天，野鹅们在一所空房子的阳台上过夜，狐狸斯密尔就站在下面。他气急败坏地往上跳，好像一只皮球，但是他连野鹅毛都抓不到。

“别老跟着我们啦！”阿卡对着狐狸嚷道。

“只要你们把那个小东西扔下来，我就可以放过你们。我只有杀了他才解气，他居然敢耍我！”狐狸回应道。

“你指的是尼尔斯·霍尔哥松吗？”阿卡问。

“当然，就是那个阴险的、人娘养的小东西，就是他！”狐狸怒火满腔。

“你永远也别想抓住尼尔斯·霍尔哥松，每一只野鹅都会用生命去保护他。男孩属于我们！”阿卡从阳台上往下喊道。所有的野鹅都拍着翅膀叫好。

狐狸气极了，对着阳台大骂：“我会报复他的，我的报复会很可怕。你们等着瞧吧！”

斯密尔一转身不见了。

尼尔斯一面对阿卡说的话感到高兴，一面又非常害怕狐狸斯密尔。

第二天，野鹅决定选择另外一条路去拉普兰特。他们打算先飞往欧兰特岛。“我们可以在那里休息几天。”阿卡说。公鹅点点头表示同意：“在岛上尼尔斯就安全了，狐狸没法去那里抓他。”

尼尔斯·霍尔哥松放心了，他开始享受骑在公鹅背上旅行的乐趣。雨已经不下了，太阳出来了，尼尔斯觉得从来没有像现在这样飞得那么快。

野鹅降落在欧兰特岛的沙滩上。由于长途飞行，大家都很疲倦，所以一着地，野鹅们就把头埋在翅膀下睡着了。

第二天清晨，尼尔斯醒过来时饿极了。他沿着沙滩找可以吃的东西。他惊喜地发现沙滩上有许多蚌，他总

算可以好好吃上一顿了，而且可以放些贝壳在口袋里。

谁知道下次会在哪儿休息呢？尼尔斯想。口袋里有些存粮总好些吧。

男孩惬意地徜徉在欧兰特岛的沙滩上，几个小时后他才回到野鹅睡觉的地方。大老远他就看到，几只野鹅着急地向他迎过来。

“你见到公鹅了吗？”阿卡冲着他喊道，“他突然失踪了。”

尼尔斯·霍尔哥松吃了一惊：“你们有没有在这里见到什么人，或者看到老鹰？”男孩问野鹅。他们都摇摇头，都说没有发现可疑的东西。

阿卡只能安慰尼尔斯：“现在大雾，马丁可能走丢了。”

尼尔斯很担心他的朋友，马上四处去找。可是哪里找得到公鹅？尼尔斯只有不停地喊：“马丁，你在哪儿？马丁，你在哪里？”

浓雾中没有传来任何回应。男孩找了很久很久，疲惫不堪。他不停地责骂自己：为什么一早要待在沙滩上？只顾自己填饱肚子！为什么没有想到马丁？尼尔斯

四下看看，不知道该到哪里去找。突然，浓雾中闪出了一个白色的身影。

“马丁！”尼尔斯高声叫着向公鹅跑过去，一把抱住了他的脖子。找到了马丁，他好高兴。

“这么长一段时间你在哪儿呢？”尼尔斯想知道，“你在雾里迷路了吗？”

公鹅喃喃自语着，尼尔斯什么也没听明白。

“向我发誓，你再也不会跑丢了！”尼尔斯用命令的口吻对他说。

公鹅马丁一步跨到男孩的面前，挺着肚子说：“我的小子呀，你别忘了，我是个壮汉，我想干什么就干什么！”

尼尔斯无话可说。他打量着公鹅，觉得马丁好像变了。他不愿意承认自己在雾中迷了路吗？还是有动物在追他？可是公鹅为什么不愿意透露一点风声呢？他们两个是朋友呀！

一只名叫绒毛纯的野鹅

第二天清晨，公鹅又不见了。尼尔斯担心发生了最可怕的事。今天公鹅应该不会再走失，因为大雾早已散去，太阳也出来了。也许有人想吃烤肥鹅吧？肯定不是斯密尔，那只狐狸，他怎么可能到岛上来呢？男孩的脑子里翻腾着这些想法，就像有辆水车在脑子里不停地转。他该到哪里去找公鹅呢？他沿着沙滩走着，想着。如果公鹅死了，他该怎么办？他不仅想到自己将永远变不成人了，而且想到将失去最好的朋友，这更让他难过。

尼尔斯来到一堵矮墙边，墙一直通向大海。他站在那儿仔细听。那里是不是传来一阵阵沙沙的声音？那一定是只什么动物，尼尔斯一边这样想，一边踮起脚尖向墙里边望。公鹅！尼尔斯高兴得差点大声叫起来。就在这一瞬间，他闭住了嘴，他知道自己可能发现了一个秘密。他又越过墙头窥视，马丁居然没有察觉到有人在偷看。公鹅嘴巴里叼着一根胡萝卜，正吃力地爬上一个石头堆，而石头堆后面趴着一只母灰鹅。母灰鹅见到马丁，显然很高兴。

“马丁，你真好，你又来看我！没有你，我一定饿死了。”

尼尔斯偷听着两只鹅的谈话，最后得知母灰鹅的翅膀受了伤，没法飞行了。灰鹅群已撇下她飞走了。

“你还不见好转，我好难过。”公鹅马丁说道，“我多么希望你能恢复健康，和我们一起飞翔。”

尼尔斯看到，马丁十分慈爱地照看着母灰鹅。他离开的时候又说：“但愿我们不会很快离开，明天我还会再来。”

尼尔斯等了一会儿，直到公鹅走远，他才靠近生病的灰鹅。她被吓了一跳，起身想马上飞走，但是身子不能动弹。

“别害怕。”男孩说，“我是尼尔斯·霍尔哥松，马丁是我最好的朋友。”

“我叫绒毛纯。”母灰鹅说，“马丁告诉过我有关你

的很多事情，我知道你不会伤害任何动物。”

母鹅有着动听的嗓音，这是尼尔斯没料到的。她的体形很美，羽毛绸缎般柔软。男孩突然明白了，马丁为什么要隐瞒自己的行踪，原来他在照顾受伤的灰鹅呀！

“等等，也许我能帮你。”尼尔斯一面说着，一面俯下身看灰鹅。他轻轻触摸灰鹅的翅膀，觉得翅膀并没有断，只是脱臼了。

“注意！现在你可能会感到有点儿痛。”尼尔斯说着一把就把翅膀扳了回去，绒毛纯大叫一声昏死了过去。

男孩吓蒙了，跳起来就跑。“我杀了她。”他绝望地叫着，“我如何向马丁交代？”

阿卡第二天一大早招呼大家继续赶路，尼尔斯·霍尔哥松听到后感到一身轻松。大家全都同意继续赶路，只有公鹅马丁不出声，出发前他又不见了。尼尔斯想：马丁看到绒毛纯死了，不知会有多伤心！

现在，所有的鹅都准备好了，可是马丁还没有回来。尼尔斯看上去十分担忧。难道公鹅对绒毛纯的死感到十分悲伤，已经没有兴趣再飞往拉普兰特了？要是这样，我会待在他的身边，安慰他。尼尔斯·霍尔哥松暗自下决心。就在这当儿，他听见空中翅膀扑扇的声音，

两只鹅落在了他的脚边，是一只白公鹅和一只母灰鹅。尼尔斯·霍尔哥松简直不敢相信自己的眼睛：绒毛纯还活着，而且完全恢复了健康！男孩轻松地吐出一口气。

“谢谢，尼尔斯，谢谢你把绒毛纯的翅膀复了位。”公鹅马丁说道。

“出发！”阿卡发出了指令。鹅群立刻直冲云霄，马丁和母灰鹅飞在队伍的后面。

“谢谢，尼尔斯·霍尔哥松！我又能飞了！”绒毛纯欢快地说。

男孩骑在白公鹅的背上，向灰鹅快乐地挥挥手。

乌鸦和狐狸

鹅群晚上在一个小海湾的礁石上过夜。清晨，他们在水里找到了很多绿色植物，这足以让他们吃饱。尼尔斯·霍尔哥松不喜欢吃这些东西，他到处找也找不到吃的。他来到森林边，希望能找到些松鼠留下的坚果类东西。男孩找了很久，还是什么也没有找到。

突然，尼尔斯感到被什么东西从后面抓住了衣领拎了起来，他回头一望，原来是只乌鸦用嘴叼住了他。尼尔斯手脚并用，左右开弓，想摆脱乌鸦。起先，尼尔斯以为乌鸦是和他开个玩笑，但后来看出乌鸦是动真格的了，这才紧张起来。

第二只乌鸦也飞过来，疯狂地叼住他左右晃动，他的头碰到了树桩上，眼前一黑，他失去了知觉。

尼尔斯醒来时，发现自己被挂在一只乌鸦的背上，

旁边飞着很多乌鸦，他们一起呱呱地叫。

“把我送回野鹅那里！”尼尔斯要求道。

乌鸦根本不理睬他，继续向相反的方向飞去。尼尔斯脸色一会儿青，一会儿白，他要是不及时赶回去，鹅群或许会撇下他飞走，而他是要和马丁在一起的呀！

飞了一会儿，乌鸦们就落在了森林中央。

“我现在想知道，你们到底要拿我怎样？”尼尔斯嚷着。

“闭上你的臭嘴，不然我啄掉你的眼睛！”一只乌鸦对他吼道。

尼尔斯再也不敢吱声了，他看见那只乌鸦眼冒凶光，决不仅仅是吓唬他。

救命呀，我遭到了强盗的绑架！尼尔斯害怕地想。他脑子拼命地转，想着该怎样解救自己，可是他的周围坐满了监视他的乌鸦。

突然，在森林的上空有一群野鹅在盘旋，他们正打算飞往拉普兰特。他们喊着：“尼尔斯·霍尔哥松，你在哪儿？”

男孩刚想答话，就听到有只乌鸦刺耳的尖叫声：

“你不要眼睛啦?”他显然是这群乌鸦的头儿。

男孩不敢出声了，野鹅的声音也渐渐远去。尼尔斯·霍尔哥松感到伤心、难受，而且饿得要命。

乌鸦头儿到一边和其他乌鸦叽叽咕咕地议论了一番。过了一会儿，一只乌鸦走过来，它叼起男孩，然后用嘴巴夹着男孩纵身飞向森林上空。

尼尔斯一下子失去了知觉,他不知道发生了什么事儿。再醒过来时，他发现自己正躺在一张松软的床上。他全身疼痛，他伸伸手，蹬蹬腿，然后摊开四肢。

我现在在哪儿?出了什么事儿?渐渐地他回忆起，自己被乌鸦抢走了。他们为什么要这样做?他们想要干什么?他们现在到哪里去了?

男孩费力地站起来,四周打量一番。他被关在一个小小的茅草屋里，就像孩子们经常喜欢建造的那种房子。小屋子里只有一张可以睡觉的床和一条板凳。尼尔斯发现屋子的角落里有一支蜡烛，旁边放着一盒火柴。他随手把火柴放进自己的口袋。天晓得,也许我会用得上它呢，他这样想道。

他的目光又落在天花板上,在板凳上方的钩子上挂着些干面包圈。尼尔斯馋得口水都流了出来。他爬上板凳，费了好大的劲，总算把面包从钩子上拿了下来。他狼吞虎咽，肚子都快撑破了。他一面啃，一面在心里说，面包真好吃！他有好长时间没有吃到这样的面包了呀！

尼尔斯吃饱了，养足了精神，感到自己力大无比。他想打开房门，却听见外面传来声音。他屏息静听，只听见外面有只乌鸦说："我们把尼尔斯·霍尔哥松关进了这间小屋子里，你完全可以信赖我们乌鸦。我们满足了你的愿望，把男孩抓住了，他现在是你的了。"

"谢谢你们，我终于可以找这个小家伙算账了。"这个声音，尼尔斯·霍尔哥松怎么听都觉得非常熟悉。一丝恐惧穿透男孩的心窝——门外正站着斯密尔，那只狐狸。这就是所有疑惑的谜底了！现在，面对凶恶的强盗，他孤立无援。

就在这时，门轰的一声被推开了，狐狸一步跨进屋。在这紧要关头，尼尔斯把手伸进口袋，拿出火柴，点燃了火柴，然后把它扔在地上的一堆破布上。破布立刻燃了起来。斯密尔张开他的大嘴要吞下小男孩，但是尼尔斯飞快地把烧着的破布扔在狐狸的鼻子上，斯密尔哀号着拔腿逃走了。

尼尔斯冲出门，冲出森林，跑入了草地。当他停下步子四处张望时，他觉得自己像在做梦。

草丛中闪着一团白色的东西，看起来就像……

“马丁！”尼尔斯大叫一声，搂住了公鹅的脖子。

马丁身边站着绒毛纯，只听她柔声说：“我们在等你，尼尔斯！”

男孩又兴奋地搂住灰鹅的脖子。

熊宝宝

鹅群飞经斯特曼兰特大工业区的时候，刮起了一阵强烈的西风。鹅群只能慢慢前进，并且要费很大的力气才能聚在一起。风暴越来越凶猛，把一只只鹅卷成皮球样在空中翻滚，尼尔斯都快抓不住公鹅的背了。突然，一阵狂风把他吹了下来，他像一片干枯的树叶掉在了地上，幸好没有受伤。尼尔斯四下张望，顿时浑身汗毛倒竖。他掉进了一个巨大的洞里，四面是陡峭的岩壁。尼尔斯·霍尔哥松正打算沿着岩壁爬上去，猛然一只大爪子抓住了他，把他来来回回地晃动着。

“你是个什么怪东西？”尼尔斯听到一个粗重的嗓音瓮声瓮气地说。那个庞然大物在他身上嗅来嗅去，然后把他放在肚子上叫道：“穆荷、布儒到这边来！我有块好吃的东西。”

“妈妈，好吃的东西是什么？”

尼尔斯定睛细看，原来是一只小狗熊在说话。我掉到狗熊窝里了，我可真倒霉！尼尔斯想。

熊妈妈伸出巨大的爪子把尼尔斯推给她的孩子们。布儒一把将尼尔斯放进嘴里，然后转身跑了。穆荷慢吞吞地在后面跟着，他想从哥哥嘴里抢走猎物。两只小狗熊抱在一起，滚作一团，还相互又抓又咬。有几次尼尔斯趁机逃走，但是又一次次被小狗熊抓回。他们玩他，好像玩一只皮球。尼尔斯的头都被弄晕了。小狗熊对这个新玩具爱不释手，不想就这样轻易吃掉他。

孩子们该睡觉了，熊妈妈说："你们已经玩够了这个小家伙，现在把这美味分掉吃了吧！"

"不嘛，妈妈。"穆荷嚷道，"我们要留着他！"

"对，我们明天还要和他玩。"布儒也叫道。

"好吧，随你们！"熊妈妈气声气地说，"但小心别让他跑喽！"

小狗熊把尼尔斯·霍尔哥松夹在中间，为防止他跑掉，布儒把他按在爪下。小狗熊一会儿就睡着了。尼尔斯本打算半夜里悄悄逃走的，但是他也很快睡得死沉。熊爸爸回来时，他才醒来。看见熊爸爸的巨爪和布满尖

牙的大嘴，尼尔斯害怕极了。

熊爸爸不安地走来走去，这里嗅嗅，那里嗅嗅，突然他瓮声瓮气地说道：“我怎么闻到了人的气味？”

“胡说，那不过是你的幻觉。”熊妈妈说。

熊爸爸在他妻子旁边躺下，但是他却睡不着，因为他还是觉得闻到了人的气味。他的妻子安抚了他好一会儿，熊爸爸总算渐渐睡着了。尼尔斯醒来，控制不住打了个喷嚏。老狗熊一下子从床上跳了起来，走到小狗熊边上。他发现了男孩，立即张开大嘴，要把尼尔斯吃掉，幸好熊妈妈拦住了他。

“别伤害他！”她厉声说道，“这小家伙可是孩子们最好的玩具呢。”

熊爸爸生气地吼道：“你别管！这是我的事。”

尼尔斯这下全没了睡意。他抓起自己仅有的一件武器，等待着机会。当狗熊再次张开血盆大口的时候，他把烧着的火柴丢了进去。狗熊痛苦地哀号着。火熄灭后，狗熊一把拎起尼尔斯，走到自己睡觉的地方。“明天看我怎么收拾你！”他嗥叫着，睡觉时还不忘把男孩紧紧地按在大爪子下。

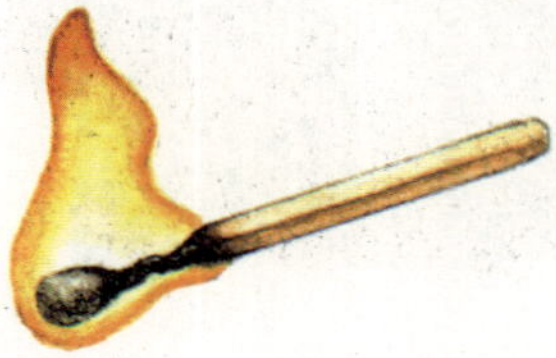

尼尔斯和熊爸爸

老狗熊第二天一大早就醒了，他拎起尼尔斯仔细看了看，说：“现在我终于看清你了，你身上确实没有什么肉。”

狗熊用大爪子挠挠鼻子：“吃掉你，太可惜，我倒有个更好的主意！”

尼尔斯沉默不语，能喘口气，他就已经很高兴了。狗熊爪下不仅让他憋闷，而且还有一股腐烂发霉的气息。

“你把我的嘴巴好生灼了一下。”狗熊说，“你还可以变出更多的火吗？”

尼尔斯想吓唬狗熊，就说道：“我可以变出很多火，连整个森林都可以烧掉。”

“你也能烧房子吗？”狗熊好奇地问。

“小菜一碟，我可以烧掉整座城市。”尼尔斯想让狗熊害怕，便吹嘘道。

“好极了，你帮我了却一个心愿，我就放了你！”狗熊许诺道。

尼尔斯·霍尔哥松本来以为小命快完了，现在又燃起了生的希望，便向狗熊保证：做一切他能做到的事。

“来，我给你看点东西！”狗熊爸爸说着叼起尼尔斯，然后爬上大岩石。在熊爸爸的两齿之间，小男孩吃惊地发现，笨重的狗熊移动起来倒很灵活。他在森林里穿行了一会儿，来到一个山丘上。在这里，狗熊停下脚步，为了不让尼尔斯跑掉，就把他抓在爪子里。

“你看那里！”狗熊说着指指前面有很多烟囱的巨大冶炼厂，“你能把这些大房子点着烧掉吗？”

狗熊的话让尼尔斯惊恐万状，但为了在狗熊面前显示自己的能力，就说：“这事很容易。”

“那就马上干吧！”狗熊命令道。

“慢点儿！这事得让我好好想一想。”为了拖延时间，尼尔斯装出若有所思的样子。

“那好，也许你说的没错。”狗熊似乎同意他的说法，“不过别耽搁太长时间，我要让这些鬼东西全都消失掉。”

“你为啥要干这件事，能告诉我吗？”尼尔斯问道。

“当然可以告诉你。这片土地是我们狗熊的，我所有的祖先都曾经在这里生活，他们把洞穴和藏身之处传给了我。我们一直生活在安宁、和平的环境中，但是人来了，毁坏了我们的土地。不阻止他们，他们很快就会赶走最后的几头狗熊。”

尼尔斯能理解动物，但他也能够理解人类。人类需要铁。铁能做些什么呢？锅、盆、钥匙、电线、铁轨……尼尔斯还可以数出很多东西，它们对人类都很重要。他把冶炼厂烧了，人在山谷里就没法工作了。

“哎，怎么了？你干不干？”狗熊打断了尼尔斯的思绪。

男孩鼓起勇气，坚决地说道：“我不干。”

狗熊的大爪子捏住男孩，他疼得直叫。“我再说一遍，你想不想毁掉人类的建筑？”

“不，我永远也不会。人类需要铁。”尼尔斯回答。

“那好，我吃了你！”熊说着张开了血盆大口。

这当儿，男孩听到“咔嚓”一声，接着看见狗熊背后的灌木丛里有一支枪管在闪亮。

“熊爸爸！”男孩惊叫起来，小手指指着林子，“看，猎人！快跑！”

熊爸爸叼起男孩，撒腿没命地跑。子弹在他的耳边呼啸，但是都没有打到他，最后，他跑到安全的地方躲了起来。

尼尔斯的脑袋瓜子里却在想：我是头蠢驴！我怎么这么笨！狗熊死了，不就吃不了我了吗？但是想归想，尼尔斯还是不愿意让动物受伤害。

熊爸爸把男孩放在地上，说：“你救了我，我要感谢你。”然后他对着男孩的耳朵嘀咕了几句什么。“记住这些话！”狗熊说，“你以后见到熊，这些话可以帮你。”

他最后瞟了一眼尼尔斯，然后转过身子，慢吞吞地走了。

尼尔斯完全没有料到，他已经自由了。他爬上一棵树，想看看周围的情况，却完全找不到方向。他决定先好好睡上一会儿，于是舒适地靠在一个树杈上，很快就睡着了。

过了一会儿，他被一阵呼呼声惊醒。尼尔斯不敢相信自己的眼睛，他被一只巨大的老鹰抓了起来，然后被带上了天空。

尼尔斯绝望地想：我现在真的完了，没人能救我了。他疲倦地闭上眼睛，甚至没有发现，老鹰飞了一会儿就在地上降落了，而且把他放了下来。他听见头顶上翅膀呼扇的声音，才睁开眼睛。他简直不敢相信，老鹰居然飞走了。

尼尔斯站起来，看看四周，然后发出一声快乐的叫喊声。老鹰把他送回野鹅休息的地方了，他的身边就是他那些可爱的朋友们。尼尔斯心里怦怦乱跳，他悄悄爬进公鹅的翅膀。

第二天，尼尔斯把他和狗熊一家的经历告诉了那些好奇的鹅。最后他说道："有一点我不明白，老鹰为什么要把我送回这里？"

公鹅马丁和灰鹅绒毛纯也不知道缘由，只有那些野鹅晃动着脑袋，他们好像知道些什么。

"那是阿卡的秘密，你们怎么可能知道？"最年长的野鹅说道，但是她也不想说得太多。

一只认野鹅做妈妈的雄鹰

这是一个晴朗的日子，太阳暖暖地照着鹅的身体，他们的心情好极了，还相互开着玩笑，并且在天空中施展着自己的本事。可是，他们没有发现大海上有一只猎人的小船。突然，一声枪响，子弹擦着公鹅飞了过去，尼尔斯·霍尔哥松没有坐稳，一头从公鹅的背上栽进了深深的海洋。

尼尔斯以为这下真完了。还好，猎人看见了小男孩，把他从海里捞了起来。他把尼尔斯带回家，放进篱笆围起来的院子里。院子里还有些别的被抓来的动物，其中有两只老鹰。

尼尔斯·霍尔哥松在猎人家里过得很自在，每天都按时得到饭菜，还可以自由自在地在大院子里走动。男孩庆幸自己能够得救，但是，他很想念野鹅群和公鹅马丁。现在他不能去拉普兰特了，也不能守着公鹅了，尼

尔斯好伤心。

一天，尼尔斯·霍尔哥松看见大笼子里又有一只老鹰蹲在那两只老鹰旁边。男孩一眼就认出那是曾经救过他，把他送回到野鹅身边的老鹰。

“喂！”他招呼着，“你不认识我了吗？我是尼尔斯·霍尔哥松呀。”

老鹰在笼子里低着头，精神恍惚。尼尔斯使出浑身解数，想要引起他的注意。尼尔斯讲起了野鹅群和领头鹅阿卡。

听到阿卡的名字，老鹰抬起头。“阿卡？阿卡在哪里？”他问道。

“她可能已经和鹅群去了拉普兰特，只有我和你一样被关在了这里。”尼尔斯·霍尔哥松免不了抱怨一番。

老鹰垂头丧气地坐在那儿，嘴里一声不吭。

“你不要不说话。”男孩埋怨道，“你应该在笼子里活动活动，不然你即使获得自由，也飞不起来了。”老鹰好像根本就没有听见这番话。

“你到底叫什么？”男孩问。

“果果。”老鹰头也不抬地答道。

“听着，果果！”尼尔斯·霍尔哥松说道，“我没有忘记你为我所做的一切，我会想办法放你出去。”

果果伤心地哼哼道：“你办不到的。”

当夜，果果被阵阵嘶嘶声弄醒。“谁？”他问道。

“别出声，果果，是我，尼尔斯·霍尔哥松。”老鹰听见一个声音说。

男孩坐在笼子顶上，正锯着笼子上的铁丝。尼尔斯连续五天不停地干着，终于他把笼子顶掀开了一块。

“果果，好了，”尼尔斯小声说道，“你可以飞向自由的世界了。”

老鹰很惊讶，男孩真的成功了。他攀上笼子，伸展翅膀飞走了。尼尔斯·霍尔哥松羡慕地望着他渐渐远去的身影。他多么向往，能像老鹰一样在天空中自由翱翔。他的朋友们一定已经到了拉普兰特。他蜷缩在笼子顶上，心情越发郁闷。

突然，一只大鸟向他冲过来，巨大的爪子一把抓住他，然后闪电般地腾空而起。

“你以为我会遗弃你吗？”尼尔斯听见大鸟说。

“果果！”尼尔斯喊道。刚才在黑暗中他没有认出老鹰来。

“我要先练习一下飞行。”果果解释道，“刚才我担心自己不会飞了呢。”

“谢谢，果果！”男孩说着爬上了老鹰的脊背。老鹰为了不让人发现，在空中几乎没有声音地飞行着。

太阳已经高高地挂在了天上，而老鹰还一直没有停下来休息。尼尔斯开始提醒：“我饿了。”

“对不起，我把这事忘了。”果果道歉道。他看看身下的大地，过了一会儿，便降落在一个农庄的附近。

“在这里等着！”他说着便把男孩放在了一棵树下，接着马上飞走了。片刻，他嘴里叼回一块面包。

尼尔斯觉得，这简直是奇迹。他谢过老鹰后，好好享受了一番。

尼尔斯觉得时机已经成熟了，可以向老鹰提个纠缠了他很久的问题了：“果果，你是怎么认识阿卡的？”

老鹰抬起头，盯着尼尔斯的眼睛：“我想，我应该告诉你一个秘密——阿卡是我的母亲。”

尼尔斯惊愕地瞪大眼睛，“你的……你的……母亲？”他结结巴巴地重复着。

“她不是我的生母，但是，是她把我抚养大的。”果果说。

“请讲给我听听！”尼尔斯请求道。

“我刚出生不久，阿卡在拉普兰特山的老鹰岩石上发现了我。”果果开始讲述他的故事，“我独自躺在鹰巢里，照看我的父母已经没有了，他们被人杀死了。如果不是阿卡的照顾，我早就饿死了。她每天给我送鱼吃，我长大后，她又把我带到野鹅群里。在那里，我和小鹅一起玩耍，我一直相信，我是一只公鹅，等到我发现自己是一只雄鹰的时候，我必须做出离开的抉择。阿卡爱我，希望我和野鹅群待在一起。但我是一只鹰，不是一只野鹅。离别让我很痛苦，但是我想和我的兄弟们一样，成为一只孤独的鹰，而不是过群居生活。只是母亲阿卡让我永远难以忘怀。”

尼尔斯·霍尔哥松还没有来得及回味这一切，果果已经要求他起程了。

“你现在送我去哪儿？”男孩问道。

老鹰用嘴摸摸他的头，说道：“别这么好奇，尼尔斯·霍尔哥松！你就等着瞧吧！”

到达野鹅的故乡

老鹰载着尼尔斯飞了很远的一段路程，男孩担心自己太困乏，睡着后会从天上掉下去。他用尽最后的力气喊道：“果果，我不行了。”

“对不起！”老鹰答道，“我没有想到，鹅会经常停下来休息。”不久，果果就找到一块平地，刚把尼尔斯放在青苔上，尼尔斯就睡着了。老鹰用大鹰爪抓起熟睡的尼尔斯，又飞了起来。

飞了好久，尼尔斯才醒过来，他不知道自己现在身在何处。他望望四周，发现了大岩石上的鹰巢。男孩从头上拿下帽子，欢呼道：拉普兰特！

他现在已经来到了果果和野鹅们的家乡，这就是那块大岩石呀！但是鹅群在什么地方？男孩马上抬脚去找他们。他还没有走多远，就看见灌木丛里美好的一幕。他面前有一只鹅睡在窝里，身下正孵着蛋，身边站着一只熟睡的公鹅。尼尔斯还发现了许多窝，里面都有鹅在孵蛋，旁边也都站着一只公鹅，保护着她们。

突然，他看见树丛里有白色的东西在闪动，那是公鹅马丁。他在窝旁边睡觉，窝里边绒毛纯正在孵蛋。尼尔斯兴奋极了，真想马上抱住马丁的脖子，但是他怎么忍心吵醒这一对儿呢？他转身悄悄地走了。在一座小山丘上，他看见了阿卡。她因为年纪大了，不再孵蛋了，为了不让那些孵蛋的鹅受干扰，就在山上放哨。

“你好，阿卡。”男孩说着过去吻了吻领头鹅的面颊。男孩回来了，阿卡喜出望外。她摇着他，晃动着他，用嘴抚摸他，然后让尼尔斯·霍尔哥松讲讲他的经历。

尼尔斯讲完后，指着岩石上的鹰巢说道：“如果不是果果，我就永远也见不到你们了。告诉果果，我非常感谢他！”阿卡还没来得及回答，尼尔斯就急着说：“现在我要去见马丁了。”

公鹅和他的妻子这会儿已经醒了。他们看见尼尔斯·霍尔哥松完好无损地站在自己的面前时，兴奋极了。男孩又被催着讲述他的冒险故事。不过尼尔斯已经看出来，公鹅没有多少时间给他。他尽心尽力地照顾着

自己的妻子，期待着孩子们的出世。尽管如此，尼尔斯在野鹅的家乡没有感到无聊。阿卡和果果载着他去远处飞翔，带他看拉普兰特的山峰和山谷。他在自个儿远足的路途中遇见了成群的驯鹿，他们在河岸边吃草。在他们面前，尼尔斯不觉得害怕。他们很愿意讲述在拉普兰特的生活，愿意回答男孩的一切问题。即使遇见了狗熊，只要他大声说出熊爸爸在他耳边讲的悄悄话，他们也都不攻击他。

一天又一天过去了，男孩总能发现一些新鲜的事情。小鹅陆陆续续从鹅蛋里爬出来，他们摇摇摆摆地跟在妈妈的后面走。公鹅马丁现在有个拥有六只小鹅的大

家庭。小鹅成了尼尔斯最好的朋友，不久后，他们就跟在他的后面跑，撵着他，要和他一起玩耍。

尼尔斯·霍尔哥松现在什么都不缺。天气很暖和，有各种各样的梅子和蘑菇让他吃个饱。他有好朋友，这里没有什么危险。他从来没有过得像在拉普兰特这样快乐。

尽管如此，尼尔斯还是经常坐在悬崖边的岩石上，忧郁地眺望远方。夜晚入睡前，父母的房子越来越频繁地出现在他的眼前。爸爸和妈妈过得怎么样？还有奶牛、马、狗、猫、鸡、鹅……尼尔斯·霍尔哥松越来越安静，他想家，但又害怕回家。见到他这副小不点儿的样子，爸爸妈妈会说什么？随着日子的消逝，他的想法也日渐清晰：他唯一的渴望就是再次成为一个人。

尼尔斯的重大决定

拉普兰特的夏天结束了，霜冻打落了梅子和蘑菇，第一场雪的雪花已经在天空中漫舞。尼尔斯要想不被饿死，只能再开始食用生鱼。拉普兰特人赶着他们的驯鹿从高地迁移到山谷，鹅只得做好远行南方的准备。阿卡让那些年幼的鹅不断地练习飞行，因为远行需要灵巧和耐力。

终于一切准备就绪。鹅群最后一次盘旋在孵化幼鹅的地方，然后在阿卡的带领下向南方飞行。鹅群的背上载着尼尔斯以及马丁和绒毛纯生下的六个孩子。临近傍晚，鹅群降落在一片草地上过夜。月亮高悬天空的时候，阿卡唤醒了尼尔斯和六只年长的鹅。

“出了什么事，阿卡妈妈？”男孩惊恐地问道。

“我们七个长者今晚要穿越海洋，你有兴趣一起去吗？”

尼尔斯点点头，迷迷糊糊地爬到阿卡的背上。尽管他不知道，阿卡为什么要在晚上远行，但是她一定有个特别的理由。

鹅在海洋上空飞了没多久，就降落在一个小岛上。阿卡指着树下的一个地方，说："我们曾经发现过一个装金币的小罐子，然后把它埋在了这里。钱对我们来说一文不值，所以我们决定把它送给你，或许你恢复人身的时候，你用得着它。我希望今晚你就能得到好消息。"

面对一大罐子金币，尼尔斯又惊又喜。

当尼尔斯转过身来的时候，顿时恐惧得汗毛倒竖，月光下，他的眼前投射出一只巨鸟黑黝黝的阴影。阿卡觉察到了男孩的惊恐，说道："你不认识果果了吗？"

"果果！"尼尔斯喊道。要不是他敬畏强健的鹰，他早就兴奋地揽住了鹰的脖子。

"你完成了我的嘱托了吗，果果？"领头鹅问道。

"是的，阿卡妈妈。"果果说道，"我很快就找到了尼尔斯·霍尔哥松家的农庄，也找到了把尼尔斯变成大拇指的精灵。我抓住小精灵，把他带到森林里没有人可以偷听的地方，然后和小精灵谈到了你的嘱托。"

"你成功了吗？小精灵愿意把尼尔斯变回人吗？"阿卡问道。

果果迟疑地回答道："是的，他应允了，但是他提出了一个条件，在这件事情上我没有办法说服他。"

"什么条件？"阿卡急切地问。

老鹰气愤地深吸了一口气："尼尔斯要想变成人，就要把公鹅送回家，让尼尔斯·霍尔哥松的父亲把他宰了。"

尼尔斯·霍尔哥松在一旁听到了，他高声叫道："让我把我最好的朋友送到屠刀下？不，绝不，我永远不会做这种事情。”

“我很遗憾，那样你就永远也不可能变回人了。”老鹰说。

尼尔斯·霍尔哥松垂下头：“我别无选择，我只能永远当个大拇指似的小人了。你们要是愿意，我和你们待在一起。我这么小的个儿在人堆里能干什么？”

“你可以待在我们这里。我们野鹅都喜欢你。”阿卡回答他。

“感谢阿卡妈妈和果果。”男孩小声说道。

野鹅和老鹰感觉到了男孩的难以抉择的痛苦。“我们明天要飞到瑞典去，要路过你的家乡，你还有时间好好考虑。”阿卡提醒他。

“如果用马丁的死来变回我的人身，这对我来说太残忍了。”尼尔斯说道，“你们知道，我非常想回家，但是我从来没有后悔和你们一起旅行。我从你们身上学到的东西比从人类身上学到的更多。”

阿卡回答道：“那么你也晓得了，人类不能单独霸占地球。大部分的人认为，土地、水和空气都只属于他们。人类如果能给我们动物留下一些岛屿、沼泽、湖泊、岩石和森林，不在那里猎杀、追逐我们，而让我们在那里自在地生活，那该有多好呀！”

“阿卡妈妈，”尼尔斯忧郁地说，“我很想帮助你们，但是……”男孩叹了一口气，“我这么小，我……我无能为力……”

“我们得飞回去了，现在赶紧睡几个小时。”阿卡打断了他的话，“我们还要继续飞行呢。”

野鹅低下头，请尼尔斯坐上来。阿卡在冲进黑夜前，还不忘冲着尼尔斯叫道：“在作出决定前再好好考虑一下，免得有一天你会后悔！”

回　家

一大早，尼尔斯·霍尔哥松就醒了，他从公鹅的翅膀上溜下来。他怀着十分思念的心情向父母居住的方向眺望着。这里离家乡已经不远了，但对尼尔斯来说，去父亲农庄的路显得无比漫长。

突然，他听到阿卡的声音：“现在到你作决定的时候了。”

“我要和你们在一起，阿卡妈妈。”男孩表示。

阿卡点点头：“我能猜到，你一定希望在飞走前再看看父母的家。现在还早，你可以不被察觉地和家人道别。”

尼尔斯·霍尔哥松十分惊讶，阿卡多么了解他。他飞快地爬上野鹅的背，和她一起飞向他曾经生活过的小村庄。阿卡把男孩放在了他父母家的附近。

“我们起飞前，我到这里来接你。”阿卡向他保证道，然后留下尼尔斯·霍尔哥松走了。

男孩三月份和公鹅一起飞走后，已经过了八个月了。他走进农庄，小心翼翼地观察着周围的情况，但他连人的影子都没有看到。尼尔斯·霍尔哥松轻轻打开通向牛圈的门，圈里以前有三头奶牛，但是现在只剩下一头了。“早上好，五月玫瑰！”男孩问候着。

尼尔斯·霍尔哥松走进牛圈，奶牛惊恐地抬起头。“别害怕，五月玫瑰！我不会伤害你。我来这里是想看看我的父母和动物们过得怎么样。我一会儿就走，永远也不再来了。”

奶牛五月玫瑰摇摇头：“我都认不出你来了，尼尔斯。你还像八个月前一样小，但是你已经改变了许多。”

奶牛吃惊地看着他：“你想知道你的父母过得怎么样吗？”她迟疑地说，“自你走后，他们一直都不快乐。他们认为你离开了他们，永远也不会回来了，而且还带走了公鹅。谁知道你跑到哪里去了，你把公鹅卖到了什么地方？自从你走后，我每天看见你的父母伤心难过。另外，你的家也发生了变故：你的叔叔欠了人家许多钱，而你爸爸是他的保人，现在你叔叔还不了的债全要

你父亲来偿还。为此，你父母必须卖掉奶牛和马匹，鸡和鹅也都没了。你的父母如果不是为了等你，早就把农庄也卖了。”

尼尔斯的眼泪一下子涌了出来,父母把他看成了浪荡子和偷鹅贼，这让他感到伤心。

尼尔斯·霍尔哥松在牛圈里和五月玫瑰说话的那会儿，农庄里来了一大群访客。公鹅马丁和尼尔斯一样，也想回家看看。他要给他的妻子和孩子看看他年轻时生活过的鹅圈。绒毛纯和孩子们惊叹家鹅美丽的鹅圈。他们马上扑向盛在食盆里的谷子。这时候，有人关上了鹅圈的门，鹅全部被关了起来。他们还没有从惊吓中清醒过来，就听到门外有人在喊叫。

“我们的公鹅回来了。”母亲冲着她的丈夫嚷道，“他带回来了一大家子。”

尼尔斯的父亲发现鹅圈里有一大群鹅,他对这笔意外之财自然感到高兴。他对他的妻子说：“明天正好是集日，我们可以把鹅杀了去卖。”

让父母感到特别高兴的是，他们的儿子不是偷鹅贼。

“啊哈，要是尼尔斯能回家就好了。”母亲叹着气。

父亲默默地点点头，他非常担忧自己的儿子，并且还为每天的三餐发愁。圈里没有动物，没有钱，加上债务……父亲也深深地叹了一口气。他下不了决心杀公鹅，他自己也不知道原因，或许是马丁让他想起了尼尔斯。他们两个同时在三月份失踪的。但是，这两件事相互之间好像没有关系。这样想着，他心里就没有那么内疚了，他和母亲一起走进鹅圈，要杀掉这些鹅。公鹅反抗着，可怕地叫喊着。尼尔斯在牛圈里听到了马丁求救的叫声。此时他顾不上考虑自己，而只想着他的朋友。他毫不犹豫地跑进鹅圈，大声呼喊着：“请放了马丁和绒毛纯！他们是我最好的朋友！”

“尼尔斯，我亲爱的尼尔斯！”母亲喊着，一把抱住了她的儿子。

父亲把嘶喊着的公鹅放在地上，把尼尔斯抱在怀里，并说道：“你回家了，真好！我们非常想念你。”

尼尔斯·霍尔哥松只有一个想法。“你要怎么处理鹅？”他惊恐地问。

“你的朋友永远不会被杀！我向你保证。”父亲说道。母亲只是一个劲地点头，她已经激动得热泪盈眶。父亲双手按在儿子的肩膀上："让我看看，小伙子！你的气色很好，这八个月你真的长大了！"

"我……我长大了？"尼尔斯·霍尔哥松结结巴巴地说，他简直不敢相信，眼睛向下看着自己。

原来，当妈妈抱住他的时候，尼尔斯突然长高了，而且长得比原来还要高一些。

“我变成人了！一个真正的人！”男孩嚷着，一会儿搂住父亲，一会儿又搂住母亲。父母糊里糊涂地看着儿子。

“我会给你们讲述发生的一切，但是我要先去看我的朋友。”尼尔斯飞快地冲进鹅圈，他要告诉鹅们好消息。

“看看，我又变成人了！你们不会被杀了。你们可以一直到死都待在农庄里。”尼尔斯·霍尔哥松兴奋地叫着，“你们觉得怎么样？”

“嘎，嘎，嘎，嘎。”鹅们七嘴八舌地叫着。尼尔斯再也听不懂动物的语言了，因为他现在是人了，但是他知道动物的感觉以及他们想对他说什么。他弯下腰，用手抚摸着鹅。

突然，他想起了阿卡。她不是要来接他吗？他跑向他们约定的地点，静静地蹲在地上等着。时间不长，他听见四周一阵剧烈的翅膀拍击的声音。

野鹅已经知道发生了什么事情，他们是来向尼尔斯·霍尔哥松告别的。尽管他现在是个人，但是他们聚在他的身边一点也不害怕。

“阿卡妈妈！”尼尔斯叫着把老灰鹅抱在怀里。他们已经不能相互交谈了，但是阿卡依然温柔地抚摸着大男孩的手。所有的鹅都嘎嘎叫着向尼尔斯身边挤。

然后，鹅群大叫一声飞向天空。他们排好队，由阿卡领头默默地飞走了。

“感谢你们给了我十分美妙的旅行！”尼尔斯·霍尔哥松大声地喊着。他热泪盈眶地向野鹅不住地挥着手，直到他们远去。

图字:11—2007—108 号

图书在版编目(CIP)数据

尼尔斯骑鹅旅行记/[瑞典]塞尔玛·拉格洛芙原著;[德]伊尔泽·宾提西改编;刘齐生,关玉译.—杭州:浙江少年儿童出版社,2008.5(2012.7 重印)
(世界童话名著彩绘本)
ISBN 978-7-5342-4812-2

Ⅰ.尼… Ⅱ.①塞…②伊…③刘…④关… Ⅲ.童话-瑞典-近代-缩写本 Ⅳ.I532.88

中国版本图书馆 CIP 数据核字(2008)第 047520 号

责任编辑 袁丽娟
责任印制 阙 云

世界童话名著彩绘本

尼尔斯骑鹅旅行记

[瑞典] 塞尔玛·拉格洛芙 原著
[德国] 伊尔泽·宾提西 改编
[德国] 欧立奥·雷格勒 插图
刘齐生 关 玉 译

浙江少年儿童出版社出版发行
(杭州市天目山路 40 号)
杭州富春印务有限公司印刷 全国各地新华书店经销
开本 710×1000 1/16 印张 6 字数 40000 印数 45451—48475
2008 年 5 月第 1 版 2012 年 7 月第 12 次印刷

ISBN 978-7-5342-4812-2 定价:12.00 元